GUÍA DE LECTURA

Escrita por Catherine Bourguignon
Traducida por Marta Sánchez Hidalgo

La espuma de los días

de Boris Vian

BORIS VIAN

ESCRITOR FRANCÉS

- **Nacido en 1920 en Ville-d'Avray, París (Francia)**
- **Fallecido en 1959 en París (Francia)**
- **Algunas de sus obras:**
  - *Escupiré sobre vuestra tumba* (1946), novela
  - *La espuma de los días* (1947), novela
  - *El arrancacorazones* (1953), novela

Boris Vian es un escritor francés (1920-1959) que ha dejado una obra muy variada: novelas, poemas, canciones, comedias musicales, adaptaciones teatrales de sus novelas, guiones de películas, óperas. También era músico de jazz.

Su primera novela conocida, *Escupiré sobre vuestra tumba* (publicada en 1946 con el pseudónimo de Vernon Sullivan) es un verdadero éxito antes que se prohibiera y se condenara por ultraje a las costumbres en 1947. El mismo año publica *La espuma de los días* y *El otoño en Pekín*. *El arrancacorazones* sale en 1953.

Boris Vian muere a los 39 años. Su gusto por la provocación le da a su obra un nuevo éxito en los años sesenta y setenta (el Mayo Francés). Sus textos, que muestra una gran modernidad, no pasan de moda. Su fantasía verbal en particular ha marcado la literatura francesa.

LA ESPUMA DE LOS DÍAS

UNA HISTORIA DE AMOR TRÁGICO

- **Género:** novela
- **Edición de referencia:** Vian, Boris. 2000. *La espuma de los días*. Traducido por Joan Manuel Verdegal. Madrid: Cátedra, colección *Letras Universales*
- **Primera edición:** 1947
- **Temáticas:** amor, jazz, surrealismo, existencialismo, felicidad, muerte

La espuma de los días, publicada en 1947, es la novela más conocida de Boris Vian aunque pase casi inadvertida cuando apareció. Es el relato de una historia de amor que termina de forma trágica. La historia se inscribe en un universo de leyes surrealistas y Vian juega con la lengua para construir este entorno: cada página, casi cada línea ofrece al lector un juego de palabras y términos inventados.

Esta novela, escrita justo después de la Segunda Guerra Mundial, se inscribe en la renovación del género novelesco que marca esta época y hace más hincapié en la escritura que en la descripción de lo real.

RESUMEN

Colin, un joven rentista, recibe en su apartamento a su amigo Chick y le presenta a Nicolás, su nuevo cocinero. Le enseña su nueva invención, el «pianocóctel» (Vian 2000, cap. I), que hace cócteles a partir de las melodías que tocan. Chick le cuenta a Colin su encuentro con Alise en una conferencia de Jean-Sol Partre: se trata de la sobrina de Nicolás. A Colin le gustaría enamorarse como Chick.

Cuando Chick, Alise y Colin están en la pista de patinaje, dos accidentes causan la muerte de muchas personas, pero les parece banal. Colin se encuentra con su amiga Isis, que le invita a una fiesta que organiza por el cumpleaños de su caniche y que tendrá lugar la semana que viene. En la fiesta en la que Nicolás le ha enseñado a bailar el «bízcame» (Vian 2000, cap. VI), Colin conoce a Chloé.

En una cena de Chick y Colin, este último le cuenta que le gustaría volver a ver a Chloé; en cuanto a Chick, vuelve a hablar de su pasión por Jean-Sol Partre. Cuando Nicolás lleva el pastel, se cumple su deseo: Colin consigue una cita con Chloé y Chick un libro de Partre. Durante su cita, Colin y Chloé se besan.

Cuando Chloé se va a Midi, Colin invita a su casa a Chick y Alise, le anuncian su boda inminente y Colin ofrece un cuarto de sus cien mil doblezones a su amigo para que pueda casarse con Alice y siga coleccionando las obras de Jean-Sol

Partre.

La iglesia está decorada para la boda y todos están listos: los «pederastas de honor», el «Religioso», el «Macerón», el «Pertigudo» (Vian 2000, cap. XVIII), Chloé, Alise, Isis y Chick y Colin. Comienza la ceremonia religiosa: es grandiosa y los jóvenes casados están locos de alegría, pero cuando Chloé sale, tose: anuncio de su enfermedad. Colin y ella se van pronto de luna de miel y en el camino se cruzan con obreros de una mina de cobre. Les llama la atención: Colin piensa que los hombres trabajan porque les han convencido del interés de tal actividad, pero piensa que es una tontería, él nunca ha necesitado trabajar para vivir. Llegan al hotel. Como la ventana de su habitación estaba rota, Chloé coge frío.

LA ENFERMEDAD

En ese tiempo Isis, Alise y Chick van a una conferencia de Jean-Sol Partre. Alise les cuenta que Chloé está enferma y que los recién casados volverán antes de lo previsto. El conferenciante llega a lomos de un elefante y sus guardias le abren camino a través de la muchedumbre a golpe de hacha, matando a varias personas del público. . El techo de la sala se desploma ante un Jean-Sol Partre alegre.

De vuelta de su luna de miel, Colin y Chloé encuentran que su apartamento parece menos luminoso que antes. El joven empieza a preocuparse cuando se da cuenta de que su fortuna ha disminuido. A pesar de todo, los seis amigos están contentos de reencontrarse para pasar la tarde juntos: las chicas irán de tiendas antes de juntarse con los chicos en la pista de patinaje. Pero allí Colin recibe una llamada. Chloé se ha desmayado. Corre a su casa y la encuentra tumbada, tranquila en su cama.

Deciden llamar a un médico, pero cuando llega a Nicolás le parece estúpido y se deshace de él. Le aconseja a Colin que consulte al doctor Zampamangos, que detecta un ruido anormal en el pulmón derecho de la joven durante la inspección. Sin embargo, prefiere reservarse su diagnóstico e invita a Chloé a un reconocimiento en su clínica. Para tranquilizar a Colin, el médico le enseña una foto de su mujer: Colin se echa a reír como, al parecer, todas las personas a las que se la enseña.

Unos días más tarde, Colin y Chloé están en su casa. La joven acepta cuidarse con la condición de que hagan el amor, después de lo cual van a ver al doctor Zampamangos para el reconocimiento. Da el diagnóstico: Chloé tiene un nenúfar en el pulmón derecho. Tiene que respirar flores y sólo puede beber una cucharada de agua al día.

Cuando Colin y Chick van a la farmacia para comprar los medicamentos de Chloé, Chick le confiesa a su amigo que ha gastado casi todo el dinero que le había dado para comprar libros de Jean-Sol Partre y que no tiene más para casarse con Alise.

Poco a poco, la luz se vuelve más tenue en el apartamento; las habitaciones se han hecho más pequeñas y Nicolás parece haber envejecido. Chloé recibe la visita de Alice, que le cuenta a su amiga la pasión de Chick por Jean-Sol Partre: quiere a Chick, pero él parece preferir los libros. Colin, ausente, busca trabajo para poder cubrir las necesidades de Chloé: tiene que estar rodeada de muchas flores y seguir con su tratamiento, muy delicado, aunque al joven rentista le empieza a faltar el dinero. Por otro lado, el tío que le daba dinero a Colin ha muerto y sigue buscando trabajo. Al toparse ante otro rechazo, vende el «pianocóctel». El apartamento palidece más y el ratón que vive en el pasillo tiene cada vez más frío. Colin le pide a Nicolás que vaya a trabajar a otro sitio: no puede pagarle más.

Como para confirmar lo que cuenta Alise, Chick de camino a casa de Colin se para en una librería donde, perseguido por su obsesión hacia Partre, no puede evitar comprar un pantalón y una pipa que habían pertenecido supuestamente al autor. Entretanto, Chloé se va a la montaña para recibir cuidados y que la operen. Pero a su vuelta se da cuenta de que, aunque le hayan quitado el nenúfar, ha perdido el pulmón derecho. Como le confía el doctor Zampamangos, su pulmón izquierdo no se debería infectar también.

El apartamento de los jóvenes sigue degradándose. Isis visita a Chloé, cuya enfermedad ha atacado al otro pulmón. Por su lado, Colin acaba encontrando trabajo: agranda los cañones de los fusiles por su calor corporal acostándose sobre ellos. Pero les crecen flores: lo despiden. Sin embargo, encuentra otro trabajo: es guardia de la Reserva de oro y se encarga de dar vueltas y de gritar cuando ve a ladrones.

MUERTE DE CHICK Y DE ALISE

En la fábrica donde trabaja Chick se rompe una máquina que mata a cuatro trabajadores: en el tiempo que Chick va a ver a sus supervisores, el rendimiento de su taller baja mucho. Despiden a Chick y este gasta su último salario en comprar los discos de las grabaciones de Partre.

Cuando Alise va a casa de Colin y Chloé, esta está trastornada: Chick la ha dejado. Los libros han sido más fuertes y su obsesión por Partre ha terminado por invadir todo su espacio mental. Chick se ha encerrado en sí mismo, rodeado de sus libros y de sus reliquias. No ha pagado sus impuesto y a la llegada de la policía y de seis de sus «agentes de armas» (Vian 2000, cap. LV) de recaudación, matan a Chick por accidente.

Alise, por su lado, va a ver a Jean-Sol Partre para pedirle que deje de publicar libros: ante la negativa lo mata en el acto. A continuación hace la ruta de los libreros a los que Chick les compraba libros, los mata y prende fuego a sus librerías. Nicolás, al enterarse de la muerte de Partre, siente que su nieta está implicada y sale a buscarla. En la última de las librerías incendiadas encuentra su cabellera deslumbrante: se da cuenta de que está muerta.

EL NENÚFAR

Isis y Nicolás van a visitar a Chloé: Nicolás sabe que Alise y Chick han muerto y que Chloé también va a morir. Colin llega con flores. Se ha convertido en anunciante de malas noticias: tiene que advertir a los jóvenes de las desgracias que ocurrirán al día siguiente. Aunque esté muy bien pagado, las personas lo reciben muy mal. En la lista de las desgracias que hay anunciar se encuentra un día su propio nombre: Chloé va a morir.

Cuando la joven fallece, Colin queda con el Clérigo para preparar su funeral: se trata de una ceremonia de pobres porque está casi arruinado. En el entierro, se lanza el ataúd por la ventana, el conductor del convoy canta a grito pelado, los cargadores están sucios, mal vestidos y vacían cerveza en la fosa.

Cuando Colin ve al nenúfar salir a la superficie del agua, quiere matarlo: va a morir. En cuanto al ratón, lo mira y también quiere morir: le pide a un gato que se lo coma.

ESTUDIO DE LOS PERSONAJES

COLIN

Es el protagonista de la novela, un joven rico de 22 años: el dinero que tiene le permite no trabajar. Acaba de contratar a un nuevo cocinero: Nicolás. Les gustaría enamorarse. En una fiesta, conoce a Chloé.

El carácter de Colin no está muy definido: es un joven esnob al que le gusta la vida fácil y el jazz y no le gusta el trabajo, la jerarquía, la violencia y las dificultades de las relaciones. Es amable y muy generoso (da un cuarto de su fortuna a su amigo Chick y gastará todo su dinero en intentar salvar a Chloé).

Frente a la enfermedad de su esposa, se ve obligado a repetir algunos de sus principios (por ejemplo, cuando el dinero se gasta, trabajará y tendrá que separarse de su cocinero).

CHLOÉ

Es un poco más joven que los chicos. Es amiga de Isis y va a la fiesta que organiza por el cumpleaños de su caniche: allí conoce a Colin. Es una joven frágil y de gran dulzura, no se le conoce ninguna actividad particular.

CHICK

Es el mejor amigo de Colin. No es tan rico como él y está obligado a trabajar como ingeniero y a llevar regularmente dinero a su tío. Le apasiona Jean-Sol Partre y desarrolla a lo largo del relato una verdadera obsesión por el escritor: va a todas sus conferencias, consigue el material necesario para grabarlo y compra sus libros. Esta manía invade poco a poco todo su universo mental, hasta el punto de que es incapaz de vivir una relación de pareja con Alise.

ALISE

Alise, la novia de Chick, es también más joven que los jóvenes. Animada por un espíritu de decisión, se muestra obstinada y lúcida. Quiere trabajar para ayudar a su pareja y llegará a matar a Partre para salvarle de su obsesión.

NICOLÁS

Acaba de entrar en el servicio de Colin como cocinero cuando empieza la historia. Apasionado por su arte, sigue en especial las recetas del *Libro de cocina* de Jules Gouffé (célebre cocinero y pastelero francés, 1807-1877) y le gusta hablar de sus preparaciones con Colin. Con 29 años, parece más maduro que los otros personajes del relato y tiene de alguna forma autoridad sobre el grupo.

JEAN-SOL PARTRE

Hace referencia a Jean-Paul Sartre (1905-1980), filósofo y escritor francés contemporáneo de Boris Vian que desarrolló el pensamiento existencialista (*El Ser y la Nada*, 1943): para él no existe la naturaleza humana y el mundo carece de sentido, lo que significa que el hombre es libre y tiene que crearse solo su camino; es responsable de sus elecciones, delante de él y de los otros. Además de sus escritos filosóficos, Sartre ha aportado muchas novelas (principalmente *La náusea*, 1938) y obras de teatro (por ejemplo *A puerta cerrada*, 1944). Ha marcado profundamente la sociedad de posguerra. Aquí se le presenta como un autor muy conocido (la sala se llena para su conferencia), blanco de la obsesión de Chick que quiere conseguir todos sus libros. Sin embargo, en realidad no se describen las ideas que difunde.

CLAVES DE LECTURA

UN LENGUAJE-UNIVERSO

La espuma de los días ha marcado en especial la literatura por el universo surrealista que crea. Vian no crea sólo un marco diferente al nuestro: va más allá. El mundo en el que evolucionan Colin y sus amigos se sitúa fuera de las leyes racionales que sustentan nuestra realidad:

- cuanto más se agrava la enfermedad de Chloé, más se oscurece y se empequeñece el apartamento de Colin;
- éste agranda los cañones de fusil gracias al calor de su vientre (capítulo 51);
- un nenúfar crece en el pulmón de Chloé y para terminar con él, tiene que respirar flores (capítulo 40);
- las ventanas rotas se arreglan solas, etc.

Todos estos sucesos no se corresponden con nuestra lógica.

El mundo se funda a través del lenguaje. Vian se lo toma al pie de la letra (por ejemplo, el farmacéutico «ejecuta» una orden con ayuda de una guillotina e inventa términos transformando palabras ya existentes («antigüetario», Vian 2000, cap. XLV) o creando neologismos para describir nuevos inventos (el «pianocóctel», Vian 2000, cap. I, designa un piano que hace cócteles, innovación de Colin). Con Vian se fusiona novela y poesía.

UNA CRÍTICA DEL ORDEN SOCIAL

El relato está marcado por un claro rechazo al orden social:

* negación del trabajo. Chick y Colin critican una sociedad donde el trabajo duro es uno de los fundamentos: no quieren trabajar. Este tema está omnipresente: Chloé empieza a toser en el momento que Colin y ella pasan delante de obreros que trabajan al borde de la carretera (capítulo XXV);
* negación de la relación familiar. Vian no menciona nunca a la familia de los personajes. No aparece ninguna alusión a los padres de Colin mientras que su fortuna debe venir probablemente de una herencia;
* subversión de la Iglesia. La ceremonia del matrimonio es muy fantasiosa y ostentosa, parece más bien un espectáculo o feria que un momento solemne y el entierro nos choca: su desarrollo depende del precio que pueda pagar Colin, pero este es pobre;
* subversión de las administraciones. «En otro escaparate, un hombre gordo con delantal de carnicero degollaba a unos niños pequeños. Era un escaparate de propaganda para la Beneficencia» (Vian 2000, cap. XIII);
* indiferencia total de las personas. En la pista de patinaje mueren personajes en dos ocasiones y se presenta como una banalidad. En la ceremonia de la boda, el director de la orquesta se cae de la tribuna y se mata en el suelo. Es otro incidente sin ningún significado especial («[...] el director de orquesta, que se había acercado demasiado al borde, acababa de caer al vacío, y el vicedirector tomó la batuta del grupo», Vian 2000, cap. XXI).

UNA PARODIA DEL EXISTENCIALISMO

Jean-Sol Partre, personaje muy presente en la historia, hace referencia a Jean-Paul Sartre, contemporáneo de Boris Vian (los dos autores se llegaron a conocer) y máximo representante del existencialismo, como ya se ha visto.

Vian lo presenta como un gran autor que da conferencias, pero no describe el contenido de sus textos ni las ideas que difunde en ellos. Se evidencia la superficialidad de Chick: asiste a todas las conferencias de Partre, pero no escucha realmente lo que dice; compra todas las ediciones de sus libros, pero nunca los lee. Su interés por Partre es superficial. Vian denuncia de esta forma a sus contemporáneos que se interesan por el existencialismo por puro esnobismo.

PERSONAJES DESCRITOS POR SUS ACCIONES

No hay que buscar análisis psicológico en la novela de Boris Vian porque se trata a los personajes de forma behaviorista: su psicología se desprende en sus gestos y acciones. El relato no se explaya en este aspecto. Además, los protagonistas no tienen pasado y nunca se hace mención a sus familias; todos tienen (excepto Nicolás) una cierta pureza, un alma de adolescente.

¿SABÍA QUE...? EL BEHAVIORISMO

El behaviorismo es una corriente de la filosofía científica nacida a principios del siglo XX en Estados Unidos. Estudia la influencia fundamental de los factores del entorno en los comportamientos de los individuos.

UNA NOVELA CON RASGOS AUTOBIOGRÁFICOS

La presencia de numerosas alusiones al jazz (la importancia de la canción *Chloe* de Duke Ellington) y el tema de la enfermedad son también rasgos que reflejan la vida de Boris Vian: además de sus actividades literarias, era músico de jazz y tuvo desde su infancia, una enfermedad del corazón, representada aquí bajo la forma poética de un nenúfar.

PISTAS PARA LA REFLEXIÓN

ALGUNAS PREGUNTAS PARA PROFUNDIZAR EN SU REFLEXIÓN...

- La novela, aparte de su originalidad y el universo estrafalario que describe, contiene rasgos autobiográficos. Encuéntrelos. ¿Se puede hablar, por tanto, de autobiografía?
- Boris Vian fue a su vez un músico famoso en su época. Encuentre las alusiones a la música e intente explicar su papel en la novela.
- *La espuma de los días* es una obra donde el humor está presente. ¿Cómo funciona? Encuentre los principales elementos sometidos a la parodia y a la burla.
- Boris Vian forma parte de un movimiento de renovación de la literatura que aparece después de la Segunda Guerra Mundial. ¿Cuáles son las principales características de este movimiento que se puede encontrar en la novela?
- El mundo descrito en la novela está principalmente creado por el lenguaje. ¿Cómo hace el autor para usar este «lenguaje-universo»?
- Compare *La espuma de los días* con *Alicia en el país de las maravillas* de Lewis Carrol. ¿En qué aspecto se parecen las dos novelas?
- Algunos críticos ven en Vian un heredero de los vanguardias de la posguerra (dadaísmo, surrealismo, etc.). Explique este punto de vista.
- Compare *La espuma de los días* con *El padre Goriot* de Balzac. ¿En qué se diferencian? Compare la forma en la que se trata los temas y el universo en las dos obras. ¿No

se pueden encontrar elementos comparables?

- Aunque sea humorístico y absurdo, la novela también es una crítica acerba de la sociedad. ¿Cuáles son los valores sociales dominantes que la novela se dedica a negar?
- Describa la parodia que hace la novela sobre el existencialismo. ¿Qué interpretación se le puede dar al frenesí que siente Chick por Partre?

PARA IR MÁS ALLÁ

EDICIÓN DE REFERENCIA

- Vian, Boris. 2000. *La espuma de los días*. Traducido por Joan Manuel Verdegal. Madrid: Cátedra, colección *Letras Universales*.

ESTUDIO DE REFERENCIA

- Gauthier, Michel. 1973. *L'Écume des jours. Boris Vian. Analyse critique*. París: Hatier, colección *Profil d'une oeuvre*.

Resumen Express.com